The Secret Island And Other Stories: Bilingual Norwegian-English Stories for Kids

Pomme Bilingual

Published by Pomme Bilingual, 2024.

While every precaution has been taken in the preparation of this book, the publisher assumes no responsibility for errors or omissions, or for damages resulting from the use of the information contained herein.

THE SECRET ISLAND AND OTHER STORIES: BILINGUAL NORWEGIAN-ENGLISH STORIES FOR KIDS

First edition. July 8, 2024.

Copyright © 2024 Pomme Bilingual.

ISBN: 979-8227479181

Written by Pomme Bilingual.

Table of Contents

Oskar og den Magiske Boken

En gang for lenge siden var det en liten gutt som het Oskar. Oskar var ikke som de andre barna i nabolaget. Mens de fleste barn likte å spille fotball eller se på tegnefilmer, elsket Oskar å lese eventyrbøker og tegne fantastiske verdener. Han hadde en vill fantasi som kunne ta ham til fjerne riker og møte vidunderlige skapninger.

En dag, mens han vandret gjennom skogen nær huset sitt, snublet Oskar over noe utrolig – en magisk bok! Det var en gigantisk, glødende bok med mystiske inskripsjoner på omslaget. Oskar åpnet den forsiktig, og i det øyeblikket han gjorde det, strømmet et strålende lys ut fra boken og omringet ham.

"Velkommen, Oskar!" sa en mild stemme. Oskar så seg rundt, men så ingen andre enn seg selv og den magiske boken. Stemmen fortsatte: "Jeg er vokteren av denne boken, og jeg har ventet på deg. Dette er ingen vanlig bok. Den kan ta deg til hvilken som helst verden du ønsker å besøke. Alt du trenger å gjøre er å forestille deg stedet, så gjør boken resten."

Oskar var forbløffet. Han hadde alltid drømt om å oppleve de fantastiske stedene han leste om i bøkene sine. Uten å nøle lukket han øynene og tenkte på et fortryllet kongerike, fullt av drager, riddere og magiske feer.

Plutselig kjente Oskar et sug i magen, og da han åpnet øynene, sto han midt i en vakker borg. Tårnene rakte høyt opp mot himmelen, og overalt han så, var det fargerike blomster og praktfulle skapninger. Han kunne nesten ikke tro det! Alt var akkurat slik han hadde forestilt seg.

Mens Oskar utforsket det magiske kongeriket, møtte han en modig ridder ved navn Sir Lancelot og en klok fe ved navn Lysia. De ble raskt venner og la ut på spennende eventyr sammen. De kjempet mot onde troll, reddet fangede prinsesser og oppdaget skjulte skatter.

Men selv i denne fantastiske verdenen følte Oskar seg av og til litt ensom. Han savnet familien og vennene sine hjemme. En dag, etter en spesielt farlig oppgave, satte han seg ned med Sir Lancelot og Lysia og fortalte dem hvordan han følte.

"Jeg elsker denne verdenen," sa Oskar, "men jeg savner familien min. Jeg vil at de også skal oppleve alle disse vidunderlige tingene."

Sir Lancelot smilte og la en beroligende hånd på Oskars skulder. "Den virkelige magien, Oskar, er å dele de vidunderlige tingene vi finner med dem vi elsker. Hvorfor ikke bruke boken til å bringe familien din hit?"

Oskar hadde ikke tenkt på det før. Han takket sine nye venner og åpnet den magiske boken igjen. Med et blikk på de glødende sidene, tenkte han på hjemmet sitt og ønsket sterkt å dele dette eventyret med familien sin.

Plutselig kjente han det samme suget i magen, og da han åpnet øynene, var han tilbake i stuen sin. Familien hans var der, og de stirret i forbauselse på Oskar og den glødende boken.

"Kom med meg," sa Oskar ivrig. "Jeg har noe utrolig å vise dere."

Han holdt opp boken, og et strålende lys fylte rommet. Da lyset falmet, sto de alle sammen midt i det magiske kongeriket. Oskars familie var målløse og fulle av undring. De opplevde alt Oskar hadde fortalt dem om – de møtte Sir Lancelot, Lysia, og så til og med en drage som fløy høyt over borgen.

Fra den dagen av, når de ønsket å dra på eventyr, åpnet Oskar og familien den magiske boken sammen. De utforsket nye riker, fikk nye venner, og delte utrolige opplevelser. Og Oskar visste at uansett hvor han dro, ville hans virkelige eventyr alltid være med familien ved sin side.

Oskar and the Magical Book

O nce upon a time, there was a little boy named Oskar. Oskar wasn't like the other kids in the neighborhood. While most children liked to play football or watch cartoons, Oskar loved reading adventure books and drawing fantastic worlds. He had a wild imagination that could take him to distant realms and meet wondrous creatures.

One day, while wandering through the forest near his house, Oskar stumbled upon something incredible – a magical book! It was a giant, glowing book with mysterious inscriptions on the cover. Oskar opened it carefully, and the moment he did, a radiant light poured out from the book and surrounded him.

"Welcome, Oskar!" said a gentle voice. Oskar looked around but saw no one but himself and the magical book. The voice continued, "I am the guardian of this book, and I have been waiting for you. This is no ordinary book. It can take you to any world you wish to visit. All you need to do is imagine the place, and the book will do the rest."

Oskar was amazed. He had always dreamed of experiencing the fantastic places he read about in his books. Without hesitation, he closed his eyes and thought of an enchanted kingdom, full of dragons, knights, and magical fairies.

Suddenly, Oskar felt a pull in his stomach, and when he opened his eyes, he was standing in the middle of a beautiful castle. The towers soared high into the sky, and everywhere he looked, there were colorful flowers and magnificent creatures. He could hardly believe it! Everything was just as he had imagined.

As Oskar explored the magical kingdom, he met a brave knight named Sir Lancelot and a wise fairy named Lysia. They quickly became friends and embarked on thrilling adventures together. They fought evil trolls, rescued captive princesses, and discovered hidden treasures.

But even in this fantastic world, Oskar sometimes felt a bit lonely. He missed his family and friends back home. One day, after a particularly dangerous mission, he sat down with Sir Lancelot and Lysia and told them how he felt.

"I love this world," said Oskar, "but I miss my family. I want them to experience all these wonderful things too."

Sir Lancelot smiled and placed a reassuring hand on Oskar's shoulder. "The real magic, Oskar, is sharing the wonderful things we find with those we love. Why not use the book to bring your family here?"

Oskar hadn't thought of that before. He thanked his new friends and opened the magical book again. With a glance at the glowing pages, he thought of his home and wished strongly to share this adventure with his family.

Suddenly, he felt the same pull in his stomach, and when he opened his eyes, he was back in his living room. His family was there, staring in amazement at Oskar and the glowing book.

"Come with me," Oskar said excitedly. "I have something incredible to show you."

He held up the book, and a radiant light filled the room. When the light faded, they all stood together in the middle of the magical kingdom. Oskar's family was speechless and full of wonder. They experienced everything Oskar had told them about – they met Sir Lancelot, Lysia, and even saw a dragon flying high above the castle.

From that day on, whenever they wanted to go on an adventure, Oskar and his family would open the magical book together. They explored new realms, made new friends, and shared incredible experiences. And Oskar knew that no matter where he went, his real adventure would always be with his family by his side.

Zara og Den Fremmede fra Planet X

Det var en gang en liten jente som het Zara. Zara bodde i en koselig liten by og elsket å tilbringe tiden sin ute i naturen. Hun var alltid nysgjerrig på verden rundt seg og drømte om eventyr langt utenfor jordens grenser.

En natt, mens Zara lå i sengen og så på stjernene gjennom vinduet sitt, la hun merke til noe rart. En lysende kule fløy over himmelen og landet med et mykt plopp i skogen bak huset hennes. Nysgjerrig som hun var, bestemte Zara seg for å undersøke hva det kunne være.

Hun listet seg stille ut av huset, tok med seg en lommelykt og gikk forsiktig inn i skogen. Da hun nærmet seg lysglimtet, så hun noe utrolig – et lite romskip! Og utenfor romskipet sto en liten skapning som ikke lignet noe hun hadde sett før. Den hadde grønn hud, store øyne og antenner på hodet.

"Hej," sa Zara forsiktig. "Hvem er du?"

Den lille skapningen snudde seg og smilte. "Hei, jeg heter Zog, og jeg kommer fra Planet X," sa han med en vennlig stemme. "Romskipet mitt har krasjlandet, og jeg trenger hjelp til å reparere det."

Zara ble både begeistret og litt nervøs. Hun hadde alltid drømt om å møte en utenomjordisk skapning, men visste ikke helt hva hun skulle forvente. "Jeg kan prøve å hjelpe deg," sa hun. "Hva trenger du?"

Zog forklarte at han trengte noen spesielle mineraler som kun fantes på Jorden for å reparere skipet sitt. Zara nikket bestemt. "Vi kan lete etter dem sammen," sa hun.

De to nye vennene begav seg ut på en reise gjennom skogen, fjellene og til og med ned i mørke huler. De møtte mange utfordringer underveis – de måtte krysse en rasende elv, unngå farlige dyr, og løse gåter for å finne de skjulte mineralene.

Zara viste seg å være en smart og modig følgesvenn. Hun brukte kunnskapen hun hadde lært fra bøkene sine og sin egen oppfinnsomhet for å overvinne hindringene de møtte. Zog var imponert over hennes mot og vennlighet.

En dag, mens de gravde etter et spesielt mineral i en dyp hule, hørte de en høy rumling. "Ras!" ropte Zara, og de sprang så fort de kunne mot utgangen. De klarte akkurat å komme seg ut før hulen kollapset bak dem.

De pustet tungt og så på hverandre. "Vi klarte det!" sa Zog og smilte bredt. "Takket være deg, Zara."

Zara smilte tilbake. "Vi er ikke ferdige enda," sa hun. "La oss gå tilbake til skipet ditt og se om vi har alt vi trenger."

Tilbake ved romskipet arbeidet de sammen for å reparere det. Det tok mange timer, men til slutt var Zogs romskip klart for å fly igjen. "Tusen takk, Zara," sa Zog med tårer i øynene. "Jeg kunne ikke ha gjort dette uten deg."

Zara kjente en klump i halsen. Hun hadde blitt glad i den lille utenomjordiske vennen sin. "Jeg kommer til å savne deg, Zog," sa hun stille.

"Og jeg kommer til å savne deg," svarte Zog. "Men husk, selv om vi er langt fra hverandre, vil vennskapet vårt alltid være sterkt."

Zog ga Zara en liten, glitrende stein som en suvenir. "Dette er en minnekrystall fra Planet X," sa han. "Når du ser på den, vil du alltid huske eventyret vårt."

Med en siste klem, gikk Zog inn i romskipet sitt og startet motorene. Zara vinket farvel mens skipet sakte steg opp mot stjernene. Hun følte en blanding av tristhet og stolthet – tristhet over å miste en venn, men stolthet over eventyret de hadde delt.

Da Zara gikk tilbake til huset sitt, kjente hun at hun hadde forandret seg. Hun hadde opplevd et ekte eventyr og visste nå at hun kunne takle hva som helst. Hun la minnekrystallen på nattbordet sitt og sovnet med et smil om munnen, drømmende om de stjernene hun en gang kanskje ville besøke igjen.

Fra den dagen av, hver gang Zara så opp på stjernene, tenkte hun på Zog og de utrolige opplevelsene de hadde delt. Og hun visste at uansett hvor stor verden var, ville vennskapet deres alltid skinne klart.

Zara and the Stranger from Planet X

Once upon a time, there was a little girl named Zara. Zara lived in a cozy little town and loved spending her time outdoors. She was always curious about the world around her and dreamed of adventures far beyond Earth's borders.

One night, while Zara lay in bed and gazed at the stars through her window, she noticed something strange. A glowing orb flew across the sky and landed with a soft plop in the forest behind her house. Curious as she was, Zara decided to investigate.

She quietly sneaked out of the house, grabbed a flashlight, and carefully entered the forest. As she approached the light, she saw something incredible – a small spaceship! And outside the spaceship stood a little creature unlike anything she had ever seen. It had green skin, big eyes, and antennas on its head.

"Hello," said Zara cautiously. "Who are you?"

The little creature turned and smiled. "Hi, my name is Zog, and I come from Planet X," he said in a friendly voice. "My spaceship has crash-landed, and I need help to repair it."

Zara was both excited and a little nervous. She had always dreamed of meeting an extraterrestrial being but didn't know what to expect. "I can try to help you," she said. "What do you need?"

Zog explained that he needed some special minerals that could only be found on Earth to repair his ship. Zara nodded determinedly. "We can look for them together," she said.

The two new friends set off on a journey through the forest, the mountains, and even down into dark caves. They faced many challenges along the way – they had to cross a raging river, avoid dangerous animals, and solve puzzles to find the hidden minerals.

Zara proved to be a smart and brave companion. She used the knowledge she had learned from her books and her own ingenuity to overcome the obstacles they faced. Zog was impressed by her courage and kindness.

One day, while they were digging for a special mineral in a deep cave, they heard a loud rumble. "Cave-in!" shouted Zara, and they ran as fast as they could towards the exit. They just managed to get out before the cave collapsed behind them.

They breathed heavily and looked at each other. "We did it!" said Zog, smiling broadly. "Thanks to you, Zara."

Zara smiled back. "We're not done yet," she said. "Let's go back to your ship and see if we have everything we need."

Back at the spaceship, they worked together to repair it. It took many hours, but finally, Zog's spaceship was ready to fly again. "Thank you so much, Zara," said Zog with tears in his eyes. "I couldn't have done this without you."

Zara felt a lump in her throat. She had grown fond of her little extraterrestrial friend. "I'm going to miss you, Zog," she said quietly.

"And I'll miss you," replied Zog. "But remember, even though we're far apart, our friendship will always be strong."

Zog gave Zara a small, sparkling stone as a souvenir. "This is a memory crystal from Planet X," he said. "When you look at it, you'll always remember our adventure."

With one last hug, Zog entered his spaceship and started the engines. Zara waved goodbye as the ship slowly rose towards the stars. She felt a mix of sadness and pride – sadness at losing a friend, but pride in the adventure they had shared.

As Zara walked back to her house, she felt changed. She had experienced a real adventure and knew now that she could handle anything. She placed the memory crystal on her nightstand and fell asleep with a smile on her face, dreaming of the stars she might one day visit again.

From that day on, whenever Zara looked up at the stars, she thought of Zog and the incredible adventures they had shared. And she knew that no matter how big the world was, their friendship would always shine brightly.

Den Sterkeste Musen i Verden

Det var en gang en liten mus som het Maximus. Maximus bodde i et lite hull i veggen i et gammelt hus på landet. Selv om han var liten, var Maximus sterkere enn noen annen mus i hele verden. Men dette visste ingen, for Maximus var veldig beskjeden og brukte sjelden styrken sin foran andre.

Hver dag dro Maximus ut for å finne mat og eventyr. Han hjalp de andre dyrene i skogen med alt de trengte, selv om de aldri visste hvem som hadde hjulpet dem. Han løftet tunge steiner, flyttet store grener og bar massive nøtter tilbake til lageret sitt.

En dag, mens Maximus var ute på en av sine vanlige ekspedisjoner, hørte han noen rope om hjelp. Han fulgte lyden og fant en stor, skremt kanin fanget under en tung grein. "Vær ikke redd," sa Maximus rolig. "Jeg skal hjelpe deg."

Med en utrolig styrke løftet Maximus greinen, og kaninen kravlet ut, fri og uskadd. "Tusen takk," sa kaninen og ristet av seg sjokket. "Jeg er Flopsy. Hvordan klarte du det? Du er så liten!"

Maximus smilte beskjedent. "Det er bare noe jeg kan gjøre," sa han. Flopsy var så takknemlig at hun spredte ordet om den fantastiske, sterke musen.

Snart visste alle dyrene i skogen om Maximus og hans utrolige styrke. De kom til ham for hjelp med alle slags problemer. Maximus flyttet store steiner for skilpaddene, hjalp fugler med å bygge sterke reder, og dro til og med en hel vogn full av forsyninger for pinnsvinene.

En dag kom en ny utfordring. En gruppe ugleunger hadde blitt fanget i et gammelt tre som hadde falt ned under en storm. Treets grener var tykke og tunge, og ingen av dyrene klarte å flytte dem. "Vi trenger Maximus," ropte Flopsy. "Han vil vite hva han skal gjøre!"

Maximus kom løpende så fort han kunne. Han så på de desperate foreldrene og de små uglene som pep i frykt. "Alle sammen, ro ned," sa han med en beroligende stemme. "Jeg skal få dem ut."

Med en kraftig innsats begynte Maximus å løfte de tunge grenene, én etter én. Svette perlet seg på pelsen hans, men han ga aldri opp. Dyrene rundt ham så med ærefrykt på mens han frigjorde en gren etter den andre.

Til slutt var alle grenene flyttet, og ugleungene kravlet ut, trygge og glade. Uglenes foreldre omfavnet dem og takket Maximus med tårer i øynene. "Du er en helt," sa de. "Hvordan kan vi noen gang betale deg tilbake?"

Maximus smilte. "Det eneste jeg ønsker er å se alle trygge og glade," svarte han. "Det er betaling nok for meg."

Sommeren gikk, og Maximus fortsatte å hjelpe alle i skogen. Men en dag kom en uventet utfordring. En gigantisk slange hadde gjort sitt hjem i skogen og truet alle dyrene. Den slangen var stor, ond og ingen visste hvordan de skulle stoppe den.

"Vi trenger Maximus!" ropte Flopsy igjen. "Han er vår eneste håp!"

Maximus følte en klump i magen. Han visste at denne utfordringen ville være den tøffeste han noensinne hadde møtt. Men han kunne ikke la vennene sine være i fare. Han tok et dypt pust og dro ut for å møte slangen.

Da han nådde slangens hule, sto han ansikt til ansikt med den gigantiske skapningen. Slangen slynget seg rundt, siktet mot Maximus med sine onde øyne. "Hva vil du, lille mus?" hveste slangen. "Tror du virkelig du kan stoppe meg?"

Maximus hevet hodet og svarte med fasthet i stemmen. "Jeg vil beskytte vennene mine. Og ja, jeg tror jeg kan stoppe deg."

Slangen lo, men Maximus var rask. Han sprang fremover, grep tak i slangens hale med all sin styrke og begynte å dra. Slangen kjempet imot, men Maximus holdt fast. Med et siste krafttak kastet han slangen langt ut av skogen.

Dyrene samlet seg rundt Maximus, jublet og omfavnet ham. "Du reddet oss alle!" ropte de. "Du er den sterkeste musen i verden!"

Maximus smilte, men han visste at styrken hans ikke bare kom fra musklene. Det var kjærligheten og vennskapet til dyrene i skogen som ga ham kraften til å gjøre det umulige.

Fra den dagen av ble Maximus kjent som en sann helt. Han fortsatte å hjelpe alle, men nå visste dyrene hvem de kunne takke. De lagde til og med en liten statue av ham i skogen, som et symbol på hans styrke og godhet.

Maximus levde lykkelig, vel vitende om at selv de minste skapningene kan gjøre de største tingene. Og hver gang han så på statuen, husket han hvorfor han gjorde det han gjorde – for kjærligheten til vennene sine, og for å beskytte dem som trengte ham mest.

The World's Strongest Mouse

Once upon a time, there was a little mouse named Maximus. Maximus lived in a tiny hole in the wall of an old country house. Although he was small, Maximus was stronger than any other mouse in the entire world. But nobody knew this, because Maximus was very modest and rarely used his strength in front of others.

Every day, Maximus went out to find food and adventures. He helped the other animals in the forest with anything they needed, even though they never knew who had helped them. He lifted heavy rocks, moved large branches, and carried massive nuts back to his stash.

One day, while Maximus was on one of his usual expeditions, he heard someone calling for help. He followed the sound and found a large, frightened rabbit trapped under a heavy branch. "Don't be afraid," said Maximus calmly. "I'll help you."

With incredible strength, Maximus lifted the branch, and the rabbit crawled out, free and unharmed. "Thank you so much," said the rabbit, shaking off the shock. "I'm Flopsy. How did you do that? You're so small!"

Maximus smiled modestly. "It's just something I can do," he said. Flopsy was so grateful that she spread the word about the amazing, strong mouse.

Soon, all the animals in the forest knew about Maximus and his incredible strength. They came to him for help with all sorts of problems. Maximus moved large rocks for the turtles, helped birds build strong nests, and even pulled a whole wagon full of supplies for the hedgehogs.

One day, a new challenge arose. A group of baby owls had been trapped in an old tree that had fallen during a storm. The tree's branches were thick and heavy, and none of the animals could move them. "We need Maximus," shouted Flopsy. "He'll know what to do!"

Maximus came running as fast as he could. He saw the desperate parents and the little owlets peeping in fear. "Everyone, calm down," he said in a soothing voice. "I'll get them out."

With a powerful effort, Maximus began lifting the heavy branches, one by one. Sweat beaded on his fur, but he never gave up. The animals around him watched in awe as he freed one branch after another.

Finally, all the branches were moved, and the baby owls crawled out, safe and happy. The owls' parents embraced them and thanked Maximus with tears in their eyes. "You are a hero," they said. "How can we ever repay you?"

Maximus smiled. "All I want is to see everyone safe and happy," he replied. "That's payment enough for me."

Summer passed, and Maximus continued to help everyone in the forest. But one day, an unexpected challenge came. A giant snake had made its home in the forest and was threatening all the animals. The snake was big, mean, and nobody knew how to stop it.

"We need Maximus!" shouted Flopsy again. "He's our only hope!"

Maximus felt a lump in his stomach. He knew this challenge would be the toughest he had ever faced. But he couldn't let his friends be in danger. He took a deep breath and set out to confront the snake.

When he reached the snake's den, he stood face to face with the giant creature. The snake coiled around, aiming its evil eyes at Maximus. "What do you want, little mouse?" hissed the snake. "Do you really think you can stop me?"

Maximus lifted his head and replied with firmness in his voice. "I want to protect my friends. And yes, I believe I can stop you."

The snake laughed, but Maximus was quick. He sprang forward, grabbed the snake's tail with all his strength, and began to pull. The snake fought back, but Maximus held on. With one final effort, he threw the snake far out of the forest.

The animals gathered around Maximus, cheering and embracing him. "

You saved us all!" they shouted. "You are the strongest mouse in the world!"

Maximus smiled, but he knew that his strength didn't just come from his muscles. It was the love and friendship of the animals in the forest that gave him the power to do the impossible.

From that day on, Maximus was known as a true hero. He continued to help everyone, but now the animals knew who to thank. They even made a small statue of him in the forest, as a symbol of his strength and kindness.

Maximus lived happily, knowing that even the smallest creatures can do the biggest things. And every time he looked at the statue, he remembered why he did what he did – for the love of his friends, and to protect those who needed him most.

Bursdagsfesten for Mika

I en tett jungel, full av spennende skapninger og høye trær, bodde en liten ape som het Mika. Mika var ikke som andre aper – han var alltid full av store planer og ville idéer. Og denne gangen hadde han en idé som skulle forandre jungelen for alltid: han ville ha en bursdagsfest, og ikke en hvilken som helst fest, men den største og beste bursdagsfesten jungelen noen gang hadde sett.

Mika våknet tidlig en solrik morgen, hoppet ned fra treet sitt og løp til samlingsplassen hvor alle dyrene pleide å møtes. Han stilte seg opp på en stor stein og klappet i hendene for å få alles oppmerksomhet.

"Kjære venner," begynte han. "Jeg har en stor kunngjøring! Jeg har bursdag om en uke, og jeg vil invitere dere alle til en kjempefest! Det skal bli den største og beste bursdagsfesten jungelen noen gang har sett!"

Dyrene så på hverandre med spente øyne. Ingen hadde noen gang sett en bursdagsfest i jungelen før. Elefanten Ella, løven Leo, og papegøyen Polly begynte alle å snakke i munnen på hverandre om hva de kunne bidra med.

Ella, som var kjent for sine fantastiske bakverk, sa: "Jeg kan bake en kjempekake som er høyere enn trærne!"

Leo, med sin majestetiske manke, brummet: "Jeg kan arrangere leker og konkurranser som vil få alle til å le og more seg!"

Polly, som elsket å synge, erklærte: "Jeg skal synge bursdagssanger og underholde alle med mine flotte fargerike fjær!"

Mika klappet fornøyd i hendene. "Dette kommer til å bli fantastisk! La oss begynne forberedelsene med en gang!"

Dagene gikk, og jungelen summet av aktivitet. Ella bakte lag etter lag med den største kaken noen hadde sett, fylt med frukt og nøtter fra hele jungelen. Leo lagde hinderløyper og planla spennende konkurranser. Polly øvde på sangene sine til stemmen var klar og sterk.

Men Mika hadde en spesiell overraskelse i ermet. Han hadde en plan om å invitere en helt spesiell gjest – Den Store, Vis Apen fra den fjerne delen av jungelen, som ingen hadde sett på mange år. Mika visste at hvis han kunne få Den Store, Vis Apen til å komme, ville det virkelig bli en fest å huske.

Mika satte av gårde gjennom jungelen, hoppet fra tre til tre og krysset elver og åser til han endelig nådde frem til Den Store, Vis Apens tre. Den Store, Vis Apen satt og mediterte, og åpnet øynene da han hørte Mikas stemme.

"Unnskyld meg, Store, Vis Apen," sa Mika med en dyp respekt. "Jeg skal ha en stor bursdagsfest og vil gjerne invitere deg. Din tilstedeværelse vil gjøre festen komplett."

Den Store, Vis Apen så på Mika med et vennlig smil. "Jeg har hørt om dine store planer, Mika. Det ville vært en ære å delta i bursdagsfesten din."

Mika lyste opp og takket Den Store, Vis Apen før han skyndte seg tilbake for å fortelle de andre dyrene den gode nyheten. Da han kom tilbake, ble han møtt av en jungel i full feststemning. Fargerike dekorasjoner hang fra trærne, kaker og mat sto klare på store blader, og alle dyrene var samlet og glade.

"Dyrevenner," ropte Mika. "Den Store, Vis Apen kommer til festen vår!"

Et jubelbrøl steg fra forsamlingen, og alle dyrene begynte å forberede seg på den store ankomsten. Da Den Store, Vis Apen endelig kom, ble han mottatt med stor ære og respekt. Han gikk opp til Mika og sa: "Dette er virkelig en bemerkelsesverdig fest. Jeg er stolt av deg, Mika."

Festen var en stor suksess. Dyrene lekte Løvens leker, sang med Polly, og nøt Ellas fantastiske kake. Men den største overraskelsen kom da Den Store, Vis Apen delte noen kloke ord med alle.

"Kjære venner," begynte han. "Denne festen viser hva vi kan oppnå når vi alle jobber sammen. Mika har lært oss at selv de villeste drømmer kan bli virkelighet når vi står sammen."

Mika smilte bredt. "Jeg kunne ikke gjort det uten dere alle. Tusen takk for at dere gjorde bursdagen min uforglemmelig."

Da solen gikk ned, og dyrene begynte å dra hjem, visste de at denne dagen ville bli husket i mange år fremover. Mika la seg til å sove med et smil om munnen, og drømte om nye eventyr og store planer.

Og slik endte historien om Mika, apen med de store planene, og hans fantastiske bursdagsfest som brakte hele jungelen sammen i glede og vennskap.

The Birthday Party for Mika

In a dense jungle, full of exciting creatures and tall trees, lived a little monkey named Mika. Mika was not like other monkeys – he was always full of big plans and wild ideas. And this time, he had an idea that would change the jungle forever: he wanted to have a birthday party, and not just any party, but the biggest and best birthday party the jungle had ever seen.

Mika woke up early one sunny morning, jumped down from his tree, and ran to the gathering place where all the animals usually met. He stood on a large rock and clapped his hands to get everyone's attention.

"Dear friends," he began. "I have a big announcement! My birthday is in a week, and I want to invite you all to a huge party! It will be the biggest and best birthday party the jungle has ever seen!"

The animals looked at each other with excited eyes. No one had ever seen a birthday party in the jungle before. Ella the elephant, Leo the lion, and Polly the parrot all started talking at once about what they could contribute.

Ella, known for her amazing pastries, said, "I can bake a giant cake that is taller than the trees!"

Leo, with his majestic mane, roared, "I can organize games and competitions that will make everyone laugh and have fun!"

Polly, who loved to sing, declared, "I will sing birthday songs and entertain everyone with my beautiful colorful feathers!"

Mika clapped his hands with joy. "This is going to be fantastic! Let's start the preparations right away!"

The days went by, and the jungle buzzed with activity. Ella baked layer upon layer of the biggest cake anyone had ever seen, filled with fruits and nuts from all over the jungle. Leo set up obstacle courses and planned exciting competitions. Polly practiced her songs until her voice was clear and strong.

But Mika had a special surprise up his sleeve. He had a plan to invite a very special guest – The Great Wise Monkey from the far part of the jungle, whom no one had seen for many years. Mika knew that if he could get The Great Wise Monkey to come, it would truly be a party to remember.

Mika set off through the jungle, jumping from tree to tree and crossing rivers and hills until he finally reached The Great Wise Monkey's tree. The Great Wise Monkey was meditating, and he opened his eyes when he heard Mika's voice.

"Excuse me, Great Wise Monkey," said Mika with deep respect. "I am having a big birthday party and would love to invite you. Your presence would make the party complete."

The Great Wise Monkey looked at Mika with a kind smile. "I have heard of your big plans, Mika. It would be an honor to attend your birthday party."

Mika lit up and thanked The Great Wise Monkey before hurrying back to tell the other animals the good news. When he returned, he was met by a jungle in full festive spirit. Colorful decorations hung from the trees, cakes and food were laid out on large leaves, and all the animals were gathered and happy.

"Animal friends," shouted Mika. "The Great Wise Monkey is coming to our party!"

A cheer rose from the crowd, and all the animals began preparing for the grand arrival. When The Great Wise Monkey finally arrived, he was received with great honor and respect. He walked up to Mika and said, "This is truly a remarkable party. I am proud of you, Mika."

The party was a huge success. The animals played Leo's games, sang along with Polly, and enjoyed Ella's fantastic cake. But the biggest surprise came when The Great Wise Monkey shared some wise words with everyone.

"Dear friends," he began. "This party shows what we can achieve when we all work together. Mika has taught us that even the wildest dreams can become reality when we stand together."

Mika beamed. "I couldn't have done it without all of you. Thank you so much for making my birthday unforgettable."

As the sun set and the animals began to head home, they knew that this day would be remembered for many years to come. Mika went to sleep with a smile on his face, dreaming of new adventures and big plans.

And so ended the story of Mika, the monkey with big plans, and his fantastic birthday party that brought the whole jungle together in joy and friendship.

Den Operasangende Trollmann

I en magisk dal, skjult dypt i fjellene, bodde en troll ved navn Torbjørn. Torbjørn var ikke som andre troll. Han hadde en stor, mørk hale, lange, spisse ører, og et ansikt som kunne skremme den modigste av mennesker. Men Torbjørn hadde en hemmelighet som ingen andre troll visste om: han elsket opera.

Mens de andre trollene foretrakk å brøle og lage bråk, brukte Torbjørn tiden sin på å øve på høye toner og dramatiske ariaer. Han hadde en stemme som kunne få de vakreste fuglene til å gråte av beundring. Hver kveld, etter at de andre trollene var gått til ro, trakk Torbjørn seg tilbake til sin hemmelige hule, hvor han sang opera i full kraft.

Torbjørn var ikke bare en lidenskapelig sanger; han var også en fantastisk komponist. Han skrev egne sanger som var fylt med følelser og eventyr. Men en dag, mens han var ute og handlet på markedet i den nærliggende landsbyen, mistet han noe veldig verdifullt: en notebok med alle hans komposisjoner. Torbjørn hadde vært uheldig og lagt den fra seg på en benk mens han handlet, og da han kom tilbake, var den borte.

Notatboken hans ble funnet av en liten jente ved navn Lily. Lily var en ung jente med et utrolig talent for å spille piano, og hun elsket å oppdage nye musikkstykker. Da hun fant Torbjørns notebok, ble hun henrykt. Den var fylt med de mest fantastiske musikkstykkene hun noen gang hadde hørt.

"Dette er vakkert!" utbrøt Lily. "Men hvem kan ha skrevet dette?"

Lily bestemte seg for å lete etter eieren av notatboken. Hun begynte å spørre rundt i landsbyen om noen hadde mistet en notebok med musikk. Ingen visste noe, så Lily bestemte seg for å ta med seg notatboken hjem og finne ut av det på egen hånd.

Hver dag, mens hun spilte musikken, følte hun en sterk tilknytning til den ukjente komponisten. Musikkstykkene var så fulle av liv og eventyr at hun nesten kunne se historiene komme til liv foran øynene hennes. Lily begynte å drømme om den mystiske komponisten – hvem kunne han være?

Samtidig, i trollens dal, var Torbjørn i ferd med å gå fra vettet. Han hadde lett overalt etter notatboken sin, men den var ingen steder å finne. Uten sin dyrebare notebok, følte Torbjørn seg hjelpeløs. Hvordan skulle han noen gang kunne komponere ny musikk?

Så en dag, mens Torbjørn ruslet trist rundt i dalen, hørte han et stykke musikk som fikk ham til å stoppe opp. Det var som om melodien fløt gjennom luften og grep tak i hjertet hans. Torbjørn fulgte lyden og kom til landsbyen. Der, gjennom et åpent vindu, hørte han en liten jente spille musikk som lignet på hans egne komposisjoner.

Torbjørn ble fylt med både håp og nysgjerrighet. Han visste at denne jenta måtte være den som hadde funnet notatboken hans. Men hvordan skulle han få tak i henne? Torbjørn hadde aldri møtt mennesker før, og tanken på å kontakte dem gjorde ham nervøs.

Med et modig hjerteslag bestemte Torbjørn seg for å ta sjansen. Han trakk på sitt beste kostyme, som var en klassisk operadrakt med glitter og glam, og samlet alt sitt mot for å gå inn i landsbyen. Han kom til Lily's hus og banket på døren med et lite, men bestemt dunk.

Lily åpnet døren og ble møtt av det mest usannsynlige synet: et stort, grønt troll i operaantrekk. Hun var både redd og fascinert. "Hvem er du?" spurte hun, med øynene store som tekopper.

Torbjørn trakk et dypt pust. "Jeg heter Torbjørn, og jeg tror du har funnet noe som tilhører meg."

Han begynte å synge en av sine opera-arias med så mye følelser og kraft at Lily nesten glemte å puste. Torbjørn sang som en engel fra en annen verden, og hans kraftige stemme fylte hele rommet. Lily var målløs.

Da Torbjørn var ferdig, så Lily på ham med tårer i øynene. "Det var fantastisk! Jeg hadde ingen anelse om at du var komponisten. Jeg fant notatboken din og har vært så heldig å spille musikken din."

Torbjørn smilte bredt og følte en bølge av lettelse. "Takk, Lily. Jeg har lett etter notatboken min overalt. Jeg vil gjerne takke deg for å ha bevart musikken min."

Lily ristet på hodet. "Nei, det er jeg som skal takke deg. Musikkstykkene dine har gjort livet mitt så mye rikere. Jeg vil gjerne hjelpe deg med å få dem ut til verden."

Torbjørn ble rørt. "Det ville vært en drøm som gikk i oppfyllelse. Jeg har alltid ønsket å fremføre musikken min for flere mennesker, men jeg har aldri hatt mot til å gjøre det."

Sammen begynte Lily og Torbjørn å planlegge den største konserten landsbyen noen gang hadde sett. De bestemte seg for å sette opp en stor utendørs scene i landsbyen og inviterte alle til å komme og høre Torbjørns operamusikk.

Konserten ble en massiv suksess. Folk fra hele landet kom for å høre Torbjørn synge. De ble forbløffet over hans utrolige talent og den vakre musikken som fylte luften. Torbjørn, som aldri hadde vært så glad før, så på alle de smilende ansiktene og visste at han hadde oppnådd noe stort.

Lily spilte pianoet med dyktighet som alltid, og sammen med Torbjørn skapte de en magisk kveld fylt med musikk og glede. Folk ropte etter mer, og Torbjørn og Lily leverte mer av den fantastiske musikken som trollmannen hadde komponert.

Etter konserten, mens alle begynte å dra hjem, takket Torbjørn Lily. "Uten deg hadde jeg aldri fått muligheten til å dele musikken min med verden. Du har virkelig gjort bursdagen min minneverdig."

Lily smilte og ristet på hodet. "Det var ikke din bursdag jeg feiret; det var magien i musikken din. Jeg vil alltid huske denne kvelden."

Sammen så de på de stjernene som blinket over dem, og Torbjørn visste at han hadde gjort noe som ville bli husket for alltid. Fra den dagen av ble han kjent som "Torbjørn, trollmannen med operastemmen" og hans konserter ble et legendarisk eventyr som alltid ville være i hjertene til alle som hadde hatt gleden av å høre ham.

Og slik endte historien om Torbjørn, trollen som elsket opera og hans venn Lily, som hjalp ham med å dele sin magiske musikk med verden.

The Opera-Singing Troll

In a magical valley, hidden deep within the mountains, lived a troll named Torbjørn. Torbjørn was not like other trolls. He had a big, dark tail, long, pointed ears, and a face that could scare the bravest of people. But Torbjørn had a secret that no other troll knew about: he loved opera.

While the other trolls preferred to roar and make noise, Torbjørn spent his time practicing high notes and dramatic arias. He had a voice that could make the most beautiful birds weep with admiration. Every evening, after the other trolls had gone to bed, Torbjørn retreated to his secret cave where he sang opera with all his might.

Torbjørn was not only a passionate singer; he was also a fantastic composer. He wrote his own songs, filled with emotions and adventures. But one day, while he was out shopping at the market in the nearby village, he lost something very valuable: a notebook with all his compositions. Torbjørn had been careless and left it on a bench while he shopped, and when he came back, it was gone.

His notebook was found by a little girl named Lily. Lily was a young girl with an incredible talent for playing the piano, and she loved discovering new pieces of music. When she found Torbjørn's notebook, she was thrilled. It was filled with the most amazing pieces of music she had ever heard.

"This is beautiful!" exclaimed Lily. "But who could have written this?"

Lily decided to look for the owner of the notebook. She started asking around the village if anyone had lost a notebook with music. No one knew anything, so Lily decided to take the notebook home and figure it out on her own.

Every day, while she played the music, she felt a strong connection to the unknown composer. The pieces were so full of life and adventure that she could almost see the stories coming to life before her eyes. Lily began to dream about the mysterious composer – who could he be?

Meanwhile, in the troll's valley, Torbjørn was going out of his mind. He had searched everywhere for his notebook, but it was nowhere to be found. Without his precious notebook, Torbjørn felt helpless. How would he ever compose new music?

Then one day, while Torbjørn was wandering sadly through the valley, he heard a piece of music that made him stop in his tracks. It was as if the melody floated through the air and grabbed his heart. Torbjørn followed the sound and came to the village. There, through an open window, he heard a little girl playing music that resembled his own compositions.

Torbjørn was filled with both hope and curiosity. He knew this girl must be the one who found his notebook. But how would he approach her? Torbjørn had never met humans before, and the thought of contacting them made him nervous.

With a brave heart, Torbjørn decided to take a chance. He donned his finest costume, which was a classic opera outfit with glitter and glam, and gathered all his courage to enter the village. He arrived at Lily's house and knocked on the door with a small but determined rap.

Lily opened the door and was met by the most unlikely sight: a large, green troll in an opera outfit. She was both frightened and fascinated. "Who are you?" she asked, her eyes wide as saucers.

Torbjørn took a deep breath. "My name is Torbjørn, and I believe you have found something that belongs to me."

He began to sing one of his opera arias with so much emotion and power that Lily almost forgot to breathe. Torbjørn sang like an angel from another world, and his powerful voice filled the entire room. Lily was spellbound.

When Torbjørn finished, Lily looked at him with tears in her eyes. "That was amazing! I had no idea you were the composer. I found your notebook and have been so lucky to play your music."

Torbjørn smiled widely and felt a wave of relief. "Thank you, Lily. I've been looking everywhere for my notebook. I'd like to thank you for preserving my music."

Lily shook her head. "No, I should be the one to thank you. Your music has enriched my life so much. I'd love to help you share it with the world."

Torbjørn was touched. "That would be a dream come true. I've always wanted to perform my music for more people, but I've never had the courage to do it."

Together, Lily and Torbjørn began planning the biggest concert the village had ever seen. They decided to set up a large outdoor stage in the village and invited everyone to come and hear Torbjørn's opera music.

The concert was a massive success. People from all over the country came to hear Torbjørn sing. They were amazed by his incredible talent and the beautiful music that filled the air. Torbjørn, who had never been so happy before, looked at all the smiling faces and knew he had achieved something great.

Lily played the piano with her usual skill, and together with Torbjørn, they created a magical evening filled with music and joy. People cheered for more, and Torbjørn and Lily delivered more of the fantastic music the troll had composed.

After the concert, as everyone began to head home, Torbjørn thanked Lily. "Without you, I would never have had the chance to share my music with the world. You have truly made my birthday unforgettable."

Lily smiled and shook her head. "It wasn't your birthday I celebrated; it was the magic in your music. I will always remember this evening."

Together, they looked at the stars twinkling above them, and Torbjørn knew he had done something that would be remembered forever. From that day on, he was known as "Torbjørn, the Opera-Singing Troll," and his concerts became a legendary adventure that would always be in the hearts of all who had the pleasure of hearing him.

And so ended the story of Torbjørn, the troll who loved opera, and his friend Lily, who helped him share his magical music with the world.

Bestefars Magiske Eplekake

I en koselig liten landsby, hvor husene var malt i alle regnbuens farger og blomster prydet hver hage, bodde det en herlig gammel bestefar ved navn Olav. Olav var kjent i hele landsbyen for en helt spesiell ferdighet – han laget den aller beste eplekaken noensinne. Men denne eplekaken var ikke bare hvilken som helst eplekake; den hadde en magisk hemmelighet.

Olav var en vennlig og godhjertet mann, med et skjegg så hvitt som nysnø og øyne som glitret som stjernene på en klar nattehimmel. Hver gang han bestemte seg for å lage eplekake, ble hele landsbyen fylt med en herlig duft av epler, kanel og sukker. Alle visste at når bestefar Olav bakte eplekake, måtte man være tidlig ute for å få et stykke – for det var alltid en kamp om de første bitene!

Men hva som gjorde eplekaken til noe helt spesielt, var at den inneholdt en magisk ingrediens som ingen kunne gjette. Denne ingrediensen var ikke noe man kunne kjøpe i butikken eller finne i oppskriftsbøker; den var skapt av kjærlighet og glede som Olav puttet i hvert eneste steg av bakprosessen.

En tidlig morgen bestemte Olav seg for å bake eplekake til den årlige landsbyfesten. Han hadde allerede plukket ut de ferskeste eplene fra hagen sin, og han hadde det beste kanel og sukker som kunne finnes. Men denne gangen ville han gjøre noe ekstra spesielt. Han hadde en ny oppskrift i ermet som han hadde utviklet gjennom mange år med eksperimentering.

Mens han begynte å forberede ingrediensene, hørte han plutselig en nysgjerrig liten stemme fra kjøkkenvinduet. Det var lille Emma, en jente på åtte år, som alltid elsket å hjelpe bestefar med bakingen.

"Bestefar Olav, kan jeg hjelpe deg med å lage eplekaken?" spurte Emma ivrig.

Olav smilte og ristet på hodet. "Selvfølgelig, Emma! Det ville være en glede å ha deg med på laget."

Emma skyndte seg inn i kjøkkenet og fikk på seg et forkle som var altfor stort for henne, men hun hadde et blikk som viste at hun var klar for eventyr. Olav hadde allerede startet med å skjære opp eplene, og han viste Emma hvordan man skulle gjøre det med stor presisjon.

"Først må vi ta bort kjernene," forklarte Olav mens han viste Emma hvordan man skjærer eplene i små biter. "Husk, vi vil at eplene skal være søte og møre når kaken er ferdig."

Emma nikket ivrig og begynte å skjære eplene med stor omhu. Samtidig blandet Olav sukker og kanel sammen med en mystisk ingrediens – noe han hadde laget seg selv, en hemmelig blanding som han aldri hadde delt med noen.

"Bestefar, hva er det der?" spurte Emma nysgjerrig når hun så på den lysende, glitrende blandingen.

Olav ristet på hodet med et smil. "Åh, det er en hemmelig ingrediens som gjør eplekaken min helt unik. Jeg kan ikke avsløre hva det er, men jeg kan si at den gir kaken en spesiell magi."

Emma var fascinert og kunne ikke vente med å se hvordan den magiske ingrediensen ville påvirke eplekaken. Når eplene var klar, begynte Olav og Emma å lage deigen. De eltet og knadde den til den hadde den perfekte konsistensen. Emma elsket å være med på å lage deigen – det var som å skape noe magisk sammen med bestefar.

Da deigen var klar og eplene var blandet med den hemmelige ingrediensen, begynte de å forme kaken. Olav og Emma rullet ut deigen og la den i kakeformen. Deretter fylte de den med de deilige, krydrede eplene. Olav viste Emma hvordan man skal dekke toppen av kaken med et mønster av deigstrimler, og Emma var spesielt begeistret over å lage små flettede mønstre.

"Dette blir så bra!" sa Emma med et smil.

Da kaken var ferdig, satte Olav den i ovnen. Den begynte straks å fylles med en herlig duft som snart spredte seg over hele huset og utover til landsbyen. Alle kunne kjenne den fristende lukten av kake som var i ferd med å bli bakt, og det ble en ny tradisjon i landsbyen å samle seg rundt Olavs hus når han bakte.

Mens kaken ble bakt, begynte Emma og Olav å forberede seg til landsbyfesten. De laget små kort og dekorasjoner som skulle pynte opp festplassen. Emma var så glad for å være en del av alt dette, og hun følte seg stolt over å være med på å skape noe så magisk.

Da kaken endelig var ferdig og Olav tok den ut av ovnen, så den perfekt ut – gyllenbrun og sprø på utsiden, med en fyldig, duftende duft av kanel og epler. Emma hjalp til med å pynte kaken med et lite dryss av melis før den ble satt ut for å kjøle seg ned.

Men før de kunne ta den med til festplassen, hadde et lite troll fra den nærliggende skogen fått snusen i den magiske kaken. Trollene i skogen hadde alltid vært kjent for å være nysgjerrige og klønete, og dette trollet, som het Truls, var ingen unntak. Truls elsket mat og hadde en spesiell interesse for magiske ting.

Truls hadde sneket seg til Olavs hus og så den deilige eplekaken stå på kjøkkenbenken. Han kunne ikke motstå fristelsen og klarte å snike seg inn og ta en bit. Men så snart han smakte kaken, skjedde noe merkelig. Truls ble umiddelbart fylt med en sprudlende energi, og han begynte å danse rundt i kjøkkenet som en gal. Kaken hadde gjort ham utrolig glad, og han kunne ikke stoppe å danse!

Olav og Emma kom tilbake til kjøkkenet og ble sjokkert over å se Truls i full dansemodus. De kunne ikke annet enn å le. "Hei, Truls!" ropte Olav. "Ser ut som du har fått deg en ordentlig godbit!"

Truls, som var ute av stand til å stoppe dansen sin, ropte tilbake, "Denne kaken er fantastisk! Jeg har aldri følt meg så glad før!"

Olav og Emma delte en blikk som sa det meste. "Jeg antar vi må gjøre noe med denne magiske kaken. Den ser ut til å gjøre underverker!" sa Olav.

Med et smil begynte Olav og Emma å lage flere eplekaker med den hemmelige ingrediensen. Truls ble deres hjelper, og de tre jobbet sammen for å lage nok eplekaker til å dele med hele landsbyen.

Da landsbyfesten startet, var alle spente på å smake på Olavs berømte eplekake. Olav, Emma og Truls ankom festen med et bord fullt av kaker, og folk begynte straks å stille seg i kø for å få et stykke. Alle ble forbløffet over hvor deilig eplekakene var, og alle som spiste dem, begynte å føle seg glade og energiske. Det var som om kaken hadde en magisk effekt på alle!

Feststemningen var på topp, og folk danset og sang hele kvelden. Truls viste sine beste dansemoves, og folk i landsbyen begynte å lære seg å danse på den samme sprudlende måten. Det ble en fest som alle ville huske for alltid.

Da kvelden nærmet seg slutten, samlet landsbyboerne seg rundt Olav og takket ham for å ha delt sin magiske eplekake. "Denne kaken har virkelig gjort festen vår spesiell," sa borgermesteren. "Vi er så glade for at vi har deg, Olav."

Olav smilte med et varmt hjerte og så på Emma og Truls. "Det var en glede å dele kaken med dere alle. Jeg tror det er magien i å lage noe med kjærlighet og glede som gjør det så spesielt."

Sammen så de på stjernene som begynte å blinke på den mørke himmelen, og Olav visste at dette var en dag han alltid ville huske. Han visste at den virkelige magien ikke bare lå i kaken, men i vennskapet og gleden som ble delt med alle rundt ham.

Og slik endte historien om bestefar Olav, den magiske eplekaken, og hvordan en liten bit av kjærlighet og glede kunne gjøre en landsbyfest uforglemmelig.

Grandpa Olav and the Magical Apple Pie

In a cozy little village, where the houses were painted in all the colors of the rainbow and flowers adorned every garden, lived a lovely old grandpa named Olav. Olav was known throughout the village for one very special skill – he made the best apple pie ever. But this apple pie was not just any apple pie; it had a magical secret.

Olav was a kind-hearted man, with a beard as white as fresh snow and eyes that sparkled like stars in a clear night sky. Every time he decided to bake an apple pie, the entire village was filled with a wonderful aroma of apples, cinnamon, and sugar. Everyone knew that when Grandpa Olav baked an apple pie, you had to be early to get a piece – because there was always a fight for the first slices!

But what made the pie so special was that it contained a magical ingredient that no one could guess. This ingredient was not something you could buy at the store or find in cookbooks; it was created from the love and joy that Olav poured into every single step of the baking process.

One early morning, Olav decided to bake an apple pie for the annual village fair. He had already picked the freshest apples from his garden, and he had the best cinnamon and sugar one could find. But this time, he wanted to do something extra special. He had a new recipe up his sleeve that he had developed through many years of experimentation.

As he began preparing the ingredients, he suddenly heard a curious little voice from the kitchen window. It was little Emma, an eight-year-old girl who always loved to help Grandpa with the baking.

"Grandpa Olav, can I help you make the apple pie?" Emma asked eagerly.

Olav smiled and shook his head. "Of course, Emma! It would be a pleasure to have you on the team."

Emma hurried into the kitchen and put on an apron that was far too big for her, but she had a look in her eyes that showed she was ready for adventure. Olav had already started slicing the apples, and he showed Emma how to do it with great precision.

"First, we need to remove the cores," Olav explained as he demonstrated how to cut the apples into small pieces. "Remember, we want the apples to be sweet and tender when the pie is done."

Emma nodded eagerly and began slicing the apples with great care. At the same time, Olav mixed sugar and cinnamon with a mysterious ingredient – something he had made himself, a secret blend he had never shared with anyone.

"Grandpa, what's that?" Emma asked curiously as she looked at the glowing, sparkling mixture.

Olav shook his head with a smile. "Oh, that's a secret ingredient that makes my apple pie completely unique. I can't reveal what it is, but I can say that it gives the pie a special magic."

Emma was fascinated and couldn't wait to see how the magical ingredient would affect the pie. Once the apples were ready, Olav and Emma began making the dough. They kneaded and rolled it until it had the perfect consistency. Emma loved being involved in making the dough – it was like creating something magical with Grandpa.

When the dough was ready and the apples were mixed with the secret ingredient, they began to shape the pie. Olav and Emma rolled out the dough and placed it in the pie dish. They then filled it with the delicious, spiced apples. Olav showed Emma how to cover the top of the pie with a pattern of dough strips, and Emma was particularly excited about making little braided designs.

"This is going to be so good!" Emma said with a smile.

When the pie was finally done, Olav placed it in the oven. It immediately began filling the house with a wonderful smell that soon spread throughout the village. Everyone could smell the tempting aroma of pie baking, and it became a new tradition in the village to gather around Olav's house whenever he baked.

As the pie baked, Emma and Olav started preparing for the village fair. They made little cards and decorations to adorn the fairground. Emma was so happy to be part of it all, and she felt proud to be involved in creating something so magical.

When the pie was finally done and Olav took it out of the oven, it looked perfect – golden brown and crisp on the outside, with a rich, fragrant aroma of cinnamon and apples. Emma helped dust the pie with a little powdered sugar before it was set out to cool.

But before they could take it to the fairground, a little troll from the nearby forest caught wind of the magical pie. The trolls in the forest had always been known for their curiosity and clumsiness, and this troll, named Truls, was no exception. Truls loved food and had a special interest in magical things.

Truls had sneaked up to Olav's house and saw the delicious apple pie sitting on the kitchen counter. He couldn't resist the temptation and managed to sneak in and grab a bite. But as soon as he tasted the pie, something strange happened. Truls was immediately filled with a bubbly energy, and he started dancing around the kitchen like a madman. The pie had made him incredibly happy, and he couldn't stop dancing!

Olav and Emma came back to the kitchen and were shocked to see Truls in full dance mode. They couldn't help but laugh. "Hey, Truls!" Olav called out. "Looks like you've gotten yourself quite a treat!"

Truls, unable to stop his dancing, called back, "This pie is amazing! I've never felt so happy before!"

Olav and Emma exchanged a look that said it all. "I guess we need to do something about this magical pie. It seems to work wonders!" said Olav.

With a smile, Olav and Emma began baking more apple pies with the secret ingredient. Truls became their helper, and the three of them worked together to make enough pies to share with the whole village.

When the village fair started, everyone was excited to taste Olav's famous apple pie. Olav, Emma, and Truls arrived at the fair with a table full of pies, and people immediately started lining up to get a piece. Everyone was amazed at how delicious the pies were, and everyone who ate them began to feel happy and energetic. It was as if the pie had a magical effect on everyone!

The festive atmosphere was at its peak, and people danced and sang all night long. Truls showed off his best dance moves, and villagers began to learn to dance in the same bubbly way. It became a party that everyone would remember forever.

As the evening drew to a close, the villagers gathered around Olav and thanked him for sharing his magical apple pie. "This pie has really made our fair special," said the mayor. "We are so grateful to have you, Olav."

Olav smiled with a warm heart and looked at Emma and Truls. "It was a pleasure to share the pie with all of you. I believe the real magic lies not just in the pie, but in the friendship and joy that we shared with everyone around us."

Together, they looked up at the stars beginning to twinkle in the dark sky, and Olav knew this was a day he would always remember. He knew that the real magic wasn't just in the pie but in the friendships and happiness that had been shared with everyone around him.

And so ended the story of Grandpa Olav, the magical apple pie, and how a little bit of love and joy could make a village fair unforgettable.

Pelle Pingvin og Den Hemmelige Øya

En gang langt, langt sør, på et sted dekket av is og snø, bodde en liten pingvin ved navn Pelle. Pelle var ikke som de andre pingvinene i kolonien sin. Mens de fleste pingvinene elsket å svømme og leke i vannet, hadde Pelle en annen lidenskap – han elsket å oppdage nye ting og gå på eventyr. Han hadde alltid en følelse av at det var mer å se og utforske utenfor den frosne verdenen han kjente.

En dag, mens han satt på en isklump og så ut over det endeløse hvite landskapet, oppdaget Pelle noe merkelig. Langt i det fjerne, akkurat der havet møtte himmelen, kunne han se et svakt glimt av noe grønt. "Hva kan det være?" undret Pelle seg. Han bestemte seg for å finne det ut.

Pelle fortalte vennene sine om det han hadde sett, men de bare lo og ristet på hodet. "Du er gal, Pelle! Det finnes ingenting grønt her!" sa de. Men Pelle lot seg ikke avskrekke. Han visste at han måtte følge hjertet sitt og utforske det mystiske glimt.

Tidlig neste morgen, før solen hadde stått opp, la Pelle ut på sin store reise. Han svømte i timevis gjennom det iskalde vannet, drevet av nysgjerrigheten sin. Etter en lang og slitsom svømmetur begynte han å se noe klart og tydelig. Det grønne glimt var faktisk en frodig øy, midt i alt isen!

Øya var dekket av frodige trær og vakre blomster, og det myldret av eksotiske fugler og dyr som Pelle aldri hadde sett før. Han kunne nesten ikke tro sine egne øyne. "Dette er fantastisk!" utbrøt han og vagget opp på land.

På øya møtte Pelle en klok gammel skilpadde ved navn Tobias. Tobias hadde bodd på øya i mange år og visste alt om dens hemmeligheter. Han ønsket Pelle velkommen og fortalte ham historier om de gamle tider og hvordan øya hadde blitt skjult for omverdenen i århundrer.

"Tobias," spurte Pelle en dag, "hvordan kan det være at denne vakre øya er skjult i all denne isen?"

Tobias smilte og sa: "Denne øya har alltid vært her, men den er beskyttet av en magisk barriere. Bare de som er virkelig modige og nysgjerrige nok til å søke etter den, kan finne den."

Pelle ble veldig nysgjerrig på øyas hemmeligheter og tilbrakte dager med å utforske hvert hjørne. En dag, mens han vandret dypt inne i øyas jungel, snublet han over en gammel hule. Inne i hulen fant han en stor, glitrende stein med mystiske inskripsjoner.

Pelle tok på steinen, og plutselig begynte den å lyse sterkt. Et hologram av en gammel pingvin dukket opp foran ham. "Velkommen, Pelle," sa hologrammet. "Jeg er Atlas, øyas beskytter. Du har funnet øyas hemmelighet, og nå er du dens vokter. Bruk denne visdommen klokt og del den med verden."

Pelle var overveldet, men også spent. Han visste at han hadde funnet noe utrolig. Han tilbrakte flere dager på øya og lærte alt han kunne fra Tobias og de andre skapningene. Han oppdaget at øya hadde magiske egenskaper som kunne hjelpe planeten og dens innbyggere.

Etter å ha samlet nok kunnskap, bestemte Pelle seg for å dra tilbake til kolonien sin og dele sin fantastiske oppdagelse. Veien tilbake var lang og krevende, men Pelle var full av håp og entusiasme. Da han endelig kom tilbake, samlet han alle pingvinene og fortalte dem om den hemmelige øya og dens magiske krefter.

I starten var det mange som tvilte på Pelle, men hans lidenskap og entusiasme var smittsom. Snart ble hele kolonien begeistret for å utforske og lære mer om verden rundt dem. Med Pelles lederskap begynte pingvinene å samarbeide med andre dyrearter for å bevare miljøet og spre kunnskapen de hadde fått fra den hemmelige øya.

Pelle ble en helt blant pingvinene, og hans eventyr ble fortalt i generasjoner. Han lærte dem at verden var full av fantastiske ting, og at man alltid måtte være nysgjerrig og modig nok til å oppdage dem. Pelles reise inspirerte mange unge pingviner til å følge drømmene sine og utforske verden utenfor isen.

Og så levde Pelle lykkelig med vissheten om at hans nysgjerrighet og mot hadde forandret kolonien hans for alltid. Han fortsatte å utforske og lære, og hans historier om den hemmelige øya ble en evig kilde til inspirasjon for alle som hørte dem.

Pelle the Penguin and The Secret Island

Once upon a time, far, far south, in a place covered in ice and snow, lived a little penguin named Pelle. Pelle was not like the other penguins in his colony. While most penguins loved to swim and play in the water, Pelle had a different passion – he loved discovering new things and going on adventures. He always had a feeling that there was more to see and explore beyond the frozen world he knew.

One day, as he sat on an ice floe, gazing out over the endless white landscape, Pelle spotted something strange. Far in the distance, right where the sea met the sky, he could see a faint glimmer of something green. "What could it be?" Pelle wondered. He decided to find out.

Pelle told his friends about what he had seen, but they just laughed and shook their heads. "You're crazy, Pelle! There's nothing green here!" they said. But Pelle was not deterred. He knew he had to follow his heart and explore the mysterious glimmer.

Early the next morning, before the sun had risen, Pelle set out on his great journey. He swam for hours through the icy water, driven by his curiosity. After a long and tiring swim, he began to see something clearly. The green glimmer was actually a lush island, right in the middle of all the ice!

The island was covered with lush trees and beautiful flowers, and it teemed with exotic birds and animals Pelle had never seen before. He could hardly believe his eyes. "This is amazing!" he exclaimed and waddled ashore.

On the island, Pelle met a wise old turtle named Tobias. Tobias had lived on the island for many years and knew all its secrets. He welcomed Pelle and told him stories of ancient times and how the island had been hidden from the world for centuries.

"Tobias," Pelle asked one day, "how can it be that this beautiful island is hidden in all this ice?"

Tobias smiled and said, "This island has always been here, but it is protected by a magical barrier. Only those who are truly brave and curious enough to seek it can find it."

Pelle became very curious about the island's secrets and spent days exploring every corner. One day, while wandering deep into the island's jungle, he stumbled upon an ancient cave. Inside the cave, he found a large, glittering stone with mysterious inscriptions.

Pelle touched the stone, and suddenly it began to glow brightly. A hologram of an ancient penguin appeared before him. "Welcome, Pelle," the hologram said. "I am Atlas, the guardian of the island. You have found the island's secret, and now you are its keeper. Use this wisdom wisely and share it with the world."

Pelle was overwhelmed but also excited. He knew he had found something incredible. He spent several days on the island learning everything he could from Tobias and the other creatures. He discovered that the island had magical properties that could help the planet and its inhabitants.

After gathering enough knowledge, Pelle decided to return to his colony and share his amazing discovery. The journey back was long and challenging, but Pelle was full of hope and enthusiasm. When he finally returned, he gathered all the penguins and told them about the secret island and its magical powers.

At first, many doubted Pelle, but his passion and enthusiasm were contagious. Soon the entire colony was excited to explore and learn more about the world around them. Under Pelle's leadership, the penguins began to collaborate with other animal species to preserve the environment and spread the knowledge they had gained from the secret island.

Pelle became a hero among the penguins, and his adventures were told for generations. He taught them that the world was full of amazing things and that one must always be curious and brave enough to discover them. Pelle's journey inspired many young penguins to follow their dreams and explore the world beyond the ice.

And so, Pelle lived happily with the knowledge that his curiosity and courage had forever changed his colony. He continued to explore and learn, and his stories about the secret island became an everlasting source of inspiration for all who heard them.